FACUNDO MANES
MARÍA ROCA

DESCUBRIENDO EL CEREBRO

PAIDÓS

Obra editada en colaboración con Editorial Planeta - Argentina

Diseño de portada: Departamento de arte de Grupo Editorial Planeta, S.A.I.C.
Diseño gráfico de interiores: Carolina Cortabitarte y Mariana Valladares
Corrección de textos: María Eugenia Blanco

© 2017, Facundo Manes
© 2017, María Roca

© 2017, Grupo Editorial Planeta, S.A.I.C. - Argentina

Derechos reservados

© 2017, Ediciones Culturales Paidós, S.A. de C.V.
Bajo el sello editorial PAIDÓS M.R.
Avenida Presidente Masarik núm. 111, Piso 2
Colonia Polanco V Sección
Delegación Miguel Hidalgo
C.P. 11560, Ciudad de México
www.planetadelibros.com.mx

Primera edición impresa en Argentina: abril de 2017
ISBN: 978-950-49-5688-4

Primera edición impresa en México: septiembre de 2017
ISBN: 978-607-747-406-7

Impreso en los talleres de Litográfica Ingramex, S.A. de C.V.
Centeno núm. 162, colonia Granjas Esmeralda, Ciudad de México
Impreso en México - *Printed in Mexico*

FACUNDO MANES
MARÍA ROCA

DESCUBRIENDO EL CEREBRO

PAIDÓS

A Segundo,
Vicente, Catalina, Matías,
Nachi, Fran, Juli, Carola, Mateo, Ana, Luisa, Silvestre, Lolo,
Cristóbal, Franco, Marcos, Olivia, Toto, Lu, Santi, Luz, Agustín,
Joaquín, Wiqui, Delfi, Fátima, Juancito, Santos, Sofía, Victoria,
Lucio, Belén, Juana, Fermín, Josepe y a todas las chicas y
chicos que, con sus juegos, sus emociones y sus ganas de
aprender, hacen que el pasado y el presente quede
pequeño de tanto futuro que
están inventando.

Pedro, Lola, Rafa,
Eugenio, Rufo, Emilia, Nico,

Este es un libro pensado para que
NIÑOS y **ADULTOS** recorran juntos
la ciencia del cerebro y de la mente.

Está escrito por científicos y en él
se proponen juegos y experimentos
que chicos y grandes encontrarán
SORPRENDENTES.

En estas páginas proponemos que
quien las recorra se convierta en un
NEUROCIENTÍFICO
y que, en este proceso, involucre no solo
a **AMIGOS** sino también a sus **PADRES**,
o a cualquier adulto que tenga a mano.

Este libro está repleto de datos, juegos
y consejos que no necesariamente
tienen que abordarse en orden.

Dejamos a quien los lea la LIBERTAD de
transitar estas páginas de la forma
en que más le guste y le plazca.

En la mayoría de los experimentos
solo se necesitará de un lápiz (y un
CEREBRO, ¡por supuesto!).
En otros, se precisarán cronómetros
e involucrarán a padres y a docentes.

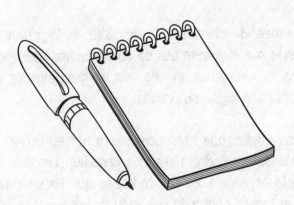

Facundo estudió medicina en la Universidad de Buenos Aires y, después de recibirse, siguió estudiando en universidades e institutos de Estados Unidos y en Inglaterra para saber cada vez más sobre cómo funciona el cerebro humano.

Nacido en Quilmes, de chiquito vivió en Salto, en la provincia de Buenos Aires, en donde aún lo llaman por su sobrenombre "Goropo". Según dicen quienes lo conocieron de niño, era un gran jugador de futbol y lo que más quería era jugar en primera.

Además de su familia, que está compuesta por su mujer Josefina y sus hijos Manuela y Pedro, tiene dos grandes pasiones: investigar el cerebro y la Argentina. Es por todo eso que Facundo recorre la Argentina y el mundo contando sus investigaciones y la importancia de la educación y el conocimiento para las personas y los países.

María es psicóloga y desde que se recibió comenzó a trabajar con Facundo como parte fundamental de su proyecto de formar un grupo de profesionales que pongan a las Neurociencias argentinas en lo más alto del mapa internacional. Desde que comenzó ese camino, trabajó codo a codo y bajo la dirección de Teresa Torralva, que hoy más que una amiga se ha convertido en su hermana.

Es madre de una niña preciosa llamada Julia, a quien se le hace un solo hoyito cuando se ríe. Fue pensando en ella, en sus sobrinos, y en su hermano Fran, que para ella será siempre un enano, que aceptó la propuesta de Facundo de trabajar en este libro.

Siente una pasión desmesurada por comprender cómo funciona la mente y por un pelirrojo irreverente, que es la voz que la calma, y sin quien este proyecto no sería hoy lo que es.

ADVERTENCIAS

✳ NO TODOS LOS CEREBROS FUNCIONAN IGUAL.
Algunos de los ejercicios pueden no funcionar contigo.
Nuestra sugerencia es que, si eso ocurre, lo intentes
en otro momento o que le propongas el ejercicio a
alguien más.

✳ ESTE LIBRO NO INTENTA ABARCAR LA
TOTALIDAD DE LOS CONOCIMIENTOS ACERCA
DEL CEREBRO.
Solo intentamos acercarte a los juegos que hace
nuestra mente para interactuar con el mundo. Quedará
mucho (¡pero mucho!) por decir.

✳ ESTE LIBRO ESTÁ PENSADO PARA ACERCARTE A LA CIENCIA DEL CEREBRO Y DE LA MENTE.

Para ello, recurrimos a juegos, metáforas y ejemplos que no necesariamente siguen el rigor del lenguaje de la ciencia. Si bien es un libro escrito por científicos y basado en los hallazgos de la ciencia, nos tomamos ciertas libertades que esperamos que nuestros colegas sepan disculpar.

✳ LA CIENCIA ES UN PROCESO EN CONTINUO AVANCE Y MOVIMIENTO.

Lo que es un hecho hoy puede ser descartado mañana. En Neurociencia queda mucho por descubrir y hay que estar dispuesto a revisar lo que se lea en estas páginas.

ESTE LIBRO ESTÁ DIVIDIDO EN TRES PARTES:

EN LA 1ª EXPERIMENTAREMOS CON LA FORMA EN QUE NUESTRO CEREBRO **PERCIBE** EL MUNDO QUE LO RODEA.

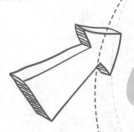

EN LA 2ª HAREMOS EXPERIMENTOS PARA QUE COMPRENDAS CÓMO ES QUE **PIENSA** NUESTRO CEREBRO.

EN LA **3ª** VEREMOS QUÉ HACE NUESTRO CEREBRO CON LO QUE **SIENTE** Y CÓMO A PARTIR DE ELLO TOMA DECISIONES.

Y POR ÚLTIMO, TE CONTAREMOS CIERTOS DATOS ACERCA DE NUESTRO CEREBRO QUE CREEMOS QUE TE DEJARÁN SIN ALIENTO.

CÓMO

A

PERCIBIMOS

EL MUNDO QUE NOS RODEA

En esta sección trataremos de introducirte a la forma en que nuestro CEREBRO recibe e INTERPRETA la información proveniente de NUESTROS SENTIDOS. Hablaremos de la vista y el tacto, pero la mayoría de lo que aquí decimos puede aplicarse al resto de nuestros sentidos.

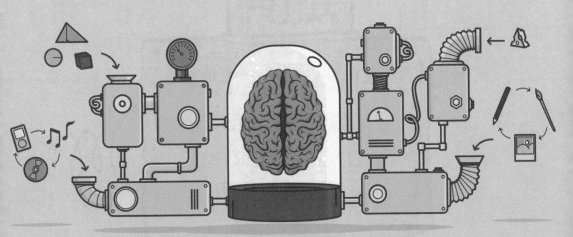

Si bien tendemos a creer que vemos
con los **OJOS**

y escuchamos con los **OÍDOS**, lo cierto es que...

¡el **CEREBRO**
es quien hace
gran parte
del TRABAJO!

Los ÓRGANOS DE
LOS SENTIDOS
**(los ojos, los oídos, la lengua,
la piel y la nariz)** tienen:

RECEPTORES
de información

Esta información es llevada luego al
**CEREBRO, quien recibe e interpreta
la información** proveniente de
los órganos sensoriales y le da un
significado.

EXPERIMENTO 1

EL PUNTO CIEGO DEL CEREBRO

PARA DEMOSTRARTE LA EXISTENCIA DE ESTOS
RECEPTORES Y EL TRABAJO QUE CON LA
INFORMACIÓN QUE RECIBE DE ELLOS HACE
NUESTRO CEREBRO, TE PROPONEMOS
EL SIGUIENTE EXPERIMENTO:

✳ Cierra tu ojo derecho y con tu ojo izquierdo mira
atentamente el cerebro dibujado en esta página.
Sin sacar tu atención del dibujo, acerca muy
lentamente el libro hacia ti.

¡No saques tu vista del dibujo del cerebro porque eso
puede arruinar este experimento!

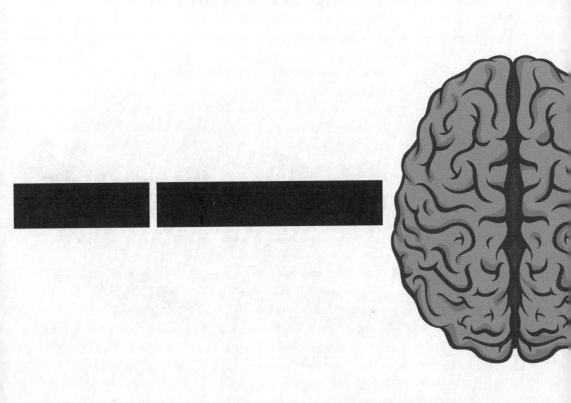

Lo más probable es que en algún momento la línea que está partida parezca una línea entera.

¿Te sucedió?

(Si no es así, vuelve a intentarlo esforzándote por no sacar tu atención del dibujo. Si lo haces, aunque sea sin querer, el experimento puede fallar).

La mayoría de las personas ven en algún momento la línea partida como una línea entera por una simple razón: nuestra retina (el área de los ojos que recibe la información visual) está plagada de

RECEPTORES

(los famosos conos y bastones).

Sin embargo, existe una parte de nuestros ojos que no tiene receptores, por lo que se genera un **PUNTO CIEGO**: un punto determinado en el espacio en el que no vemos.

De hecho, tenemos un punto ciego en cada ojo, lo que puedes comprobar si realizas el **EXPERIMENTO** con el libro invertido, cerrando tu ojo izquierdo y mirando con el derecho atentamente el punto.

Pero
entonces...
¿POR QUÉ NO VEMOS
UN PUNTO NEGRO
por todas partes?

LO QUE OCURRE ES QUE EL

CEREBRO

ALGUNAS VECES ES UN

GRAN MENTIROSO.

Como sabe que las cosas
no andan incompletas por ahí,
rellena la información faltante
con las formas y colores que la rodean.

Por eso, cuando llegas a ese punto, las dos líneas se transforman en una:

EL CEREBRO DA POR SENTADO QUE LA INFORMACIÓN FALTANTE ES SIMILAR A LA DEL ENTORNO

y la completa, en este caso erróneamente.

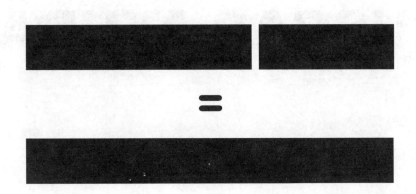

NEURO TIP

SI ALGO NO ANDA BIEN CON TUS OJOS, INTENTA BUSCAR AYUDA.

EXISTEN ESPECIALISTAS QUE PUEDEN DECIRTE SI REALMENTE EXISTE UN PROBLEMA Y AYUDARTE A RESOLVERLO.

Nunca mires directo
a una luz fuerte.

ESTO DAÑA LOS RECEPTORES DE TUS
OJOS Y PUEDE LASTIMARLOS.

¿PERO QUIÉN LLEVA LA INFORMACIÓN HASTA EL CEREBRO?

¡LAS FAMOSÍSIMAS NEURONAS!

De hecho, los conos y los bastones no son
otra cosa que neuronas sensibles a la luz.

Como recordarás de algún libro de texto, las neuronas esquemáticamente se ven así:

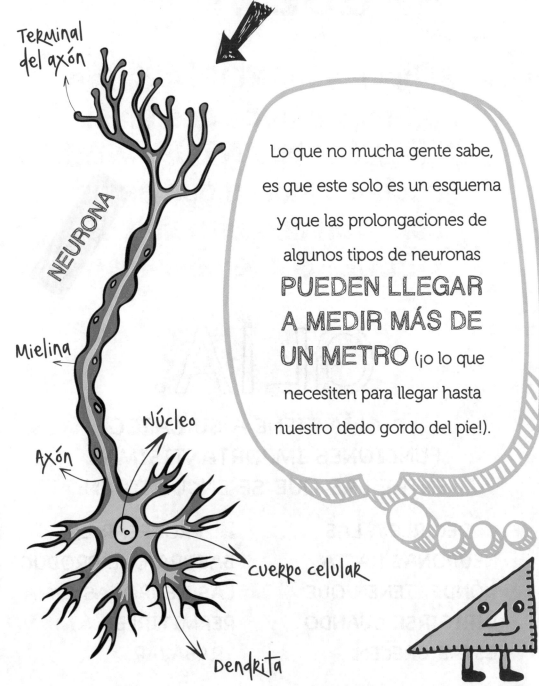

Terminal del axón

NEURONA

Mielina

Núcleo

Axón

Cuerpo celular

Dendrita

Lo que no mucha gente sabe, es que este solo es un esquema y que las prolongaciones de algunos tipos de neuronas **PUEDEN LLEGAR A MEDIR MÁS DE UN METRO** (¡o lo que necesiten para llegar hasta nuestro dedo gordo del pie!).

¿SABÍAS QUE...?

Si bien la MAYORÍA de las personas sabe que en el CEREBRO hay NEURONAS, muchos ignoran que estas conviven con otro tipo de CÉLULAS que se llaman

GLÍA.

LA GLÍA TIENE A SU CARGO FUNCIONES IMPORTANTÍSIMAS, ENTRE LAS QUE SE ENCUENTRAN:

1. DECIRLE A LAS NEURONAS HACIA DÓNDE TIENEN QUE DIRIGIRSE CUANDO ESTAS CRECEN.

2. PROCESAR LA BASURA QUE PRODUCEN LAS NEURONAS PARA PERMITIRLES TRABAJAR.

¿SABÍAS QUE...?

 La densidad de las neuronas y el peso cerebral aumentan con el estímulo intelectual durante la vida. Este fenómeno se ha conocido como:

RESERVA COGNITIVA.

☑ Una mayor reserva cognitiva disminuye el riesgo de presentar enfermedades cerebrales en la vejez.

Ya te hemos demostrado que la **INFORMACIÓN** proveniente de los **RECEPTORES** de nuestros **SENTIDOS** llega al **CEREBRO,** que es quien la interpreta.

Pero hay un dato aún más curioso...

EN EL CEREBRO LOS ÓRGANOS DE LOS SENTIDOS ESTÁN "REPRESENTADOS" SEGÚN LA CANTIDAD DE RECEPTORES QUE TENGA DICHA ÁREA CORPORAL.

(En las partes del cuerpo en las que necesitemos que nuestros sentidos sean más agudos, tendremos más neuronas receptoras destinadas a interpretar dicha información).

Por ejemplo, en lo que respecta al
sentido del TACTO, los
RECEPTORES se encuentran en la PIEL.
Pero no toda nuestra piel tiene
la misma cantidad de receptores
dedicados a su INTERPRETACIÓN.

Esta es la razón por la cual no todas
las partes de nuestra piel son igualmente
sensibles al tacto. Si no lo crees,
realiza el experimento que sigue...

EXPERIMENTO 2

EL DEDO QUE ERA MÁS GRANDE QUE LA ESPALDA

PARA COMPROBAR LO ANTERIOR TE PROPONEMOS EL SIGUIENTE EXPERIMENTO:

✳ Toma un pequeño y fino alambre. Si no encuentras uno, puedes conseguir un clip de esos que se utilizan para agarrar papeles. Modifícalo de tal manera que forme una U y sus dos puntas queden muy cerca entre sí (medio centímetro aproximadamente).

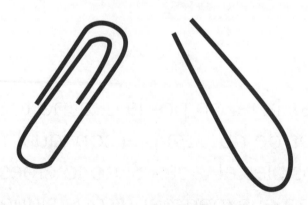

✳ Cierra tus ojos y apoya ambas puntas en tu espalda. Verás que es difícil "sentir" ambas y que en su lugar tienes la sensación de que es una sola punta la que te está tocando.

Ahora, haz lo mismo pero apoyando ambas puntas en el dedo pulgar de una de tus manos.

Es probable que te haya sido más fácil distinguir las dos puntas en la segunda parte del experimento... ¿No es así?

ESTE EXPERIMENTO FUNCIONA MEJOR SI LO HACES SOBRE UN AMIGO QUE NO SEPA ORIGINALMENTE CUÁNTAS PUNTAS LO TOCARÁN.

Esto sucede porque, como te hemos dicho antes, no todas las partes de nuestra piel tienen la misma cantidad de RECEPTORES.

En algunas zonas (como el antebrazo o la espalda) los receptores son pocos e insuficientes para decirle a nuestro cerebro que el alambre tiene...

2 PUNTAS

¡En otras zonas, que son más importantes para el tacto, los receptores son muchos más!

(Como es el caso del pulgar o de la lengua, que son zonas en las que es muy importante tener una buena sensibilidad).

NOTA: OTRO DATO INTERESANTE ES QUE ALGUNOS ESTUDIOS NEUROCIENTÍFICOS DEMUESTRAN QUE CUANDO UNA PERSONA APRENDE A LEER BRAILE, LA LECTURA CON LOS DEDOS QUE HACEN LOS CIEGOS, EL ÁREA DEL CEREBRO DEDICADA A SU PULGAR SE EXPANDE.

OTRO PUNTO IMPORTANTE ES QUE
ENTIENDAS QUE
LA SENSACIÓN y EL MOVIMIENTO
ESTÁN CRUZADOS EN NUESTRO
CEREBRO.

LO QUE TOCAMOS
CON NUESTRA MANO DERECHA
ES PROCESADO POR EL
LADO IZQUIERDO
DE NUESTRO CEREBRO...

(Y MOVEMOS LA MANO IZQUIERDA
CON EL LADO DERECHO DE NUESTRO CEREBRO).

IZQUIERDA

DERECHA

¿SABÍAS QUE...?

LA MAYORÍA DE LAS PERSONAS DIESTRAS HABLAN CON SU HEMISFERIO IZQUIERDO.

¡SOY DIESTRO!

¿SABÍAS QUE...?

 DICE EL MITO QUE LOS ZURDOS SON MÁS INTELIGENTES Y CREATIVOS.

¿ADIVINA QUÉ?

ES SOLO UN MITO.

EXPERIMENTO

3

EL PORQUÉ DE NUESTROS DOS OJOS

EN ESTE EXPERIMENTO NECESITARÁS DOS LÁPICES. DA LO MISMO SU LARGO Y SU COLOR.

✳ Lo que te pediremos es que tomes cada lápiz del extremo contrario a la punta y que, con ambos brazos extendidos, intentes tocar lentamente sus puntas. No es difícil, ¿NO?

✳ Ahora intenta hacerlo nuevamente, pero cerrando uno de tus ojos. Ciertamente la cosa se vuelve más complicada, ¿no es cierto?

Esto ocurre porque nuestros ojos están separados entre sí y, por lo tanto, no ven exactamente lo mismo.

(LO QUE COMPROBARÁS MUY FÁCILMENTE SI MIENTRAS MIRAS UN OBJETO CIERRAS ALTERNADAMENTE CADA UNO DE TUS OJOS, PRIMERO UNO, DESPUÉS EL OTRO Y ASÍ SUCESIVAMENTE).

Nuestro cerebro combina ambas imágenes para crear una versión 3D de aquello que vemos, logrando una visión con profundidad.

CUANDO ÚNICAMENTE CONTAMOS CON LA INFORMACIÓN DE UNO DE LOS DOS OJOS, LA PÉRDIDA DE ESA PROFUNDIDAD HACE QUE EL EJERCICIO SE VUELVA MUCHO MÁS COMPLEJO.

¿SABÍAS QUE...?

 Si bien nuestro cerebro ocupa solo el 2% de todo nuestro cuerpo, es el responsable de consumir el 20% de la energía total que usamos.

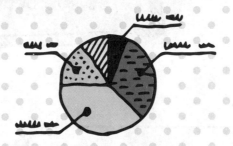

 ¿GRAN PARTE DE NUESTRO CEREBRO ESTÁ COMPUESTO POR AGUA?

DE HECHO, MÁS DE LA MITAD DE NUESTRO CEREBRO ESTÁ COMPUESTO POR AGUA.

LA IMPORTANCIA DEL CONTEXTO I

(JARABE DE PALO)

✳ ¿Cuál de los dos personajes en esta hoja te parece más grande? ¿Y cuál más pequeño?

SI TE CUESTA RESPONDER, ENTRECIERRA LOS OJOS Y ANÍMATE A ADIVINAR. ¡VERÁS QUE NO ES TAN DIFÍCIL!

Probablemente hayas dicho que el personaje de arriba es el más grande.

Y el de abajo el más pequeño, ¿no es así?

Si realizas este experimento con tus padres o tus amigos probablemente digan lo mismo, sin embargo...

¡AMBOS PERSONAJES SON IGUALES!

Los percibimos diferentes porque

EL CEREBRO UTILIZA EL CONTEXTO PARA DETERMINAR EL TAMAÑO DE AQUELLO QUE VEMOS. AL ESTAR EL PERSONAJE SUPERIOR RODEADO DE ÁRBOLES MÁS CHICOS, PARECE MÁS GRANDE QUE EL PERSONAJE INFERIOR, QUE ESTÁ RODEADO DE ÁRBOLES MÁS ALTOS.

LA IMPORTANCIA DEL CONTEXTO II

ESTE EJERCICIO ES PARA HACER CON ALGUNO
DE TUS PADRES O CON UN AMIGO Y USARÁS
LAS TRES PÁGINAS QUE SIGUEN, QUE ESTÁN
IDENTIFICADAS COMO **A**, **B** Y **C**.

✳ Te pediremos que, por separado, trabajes con
la página **A** sin que tu amigo mire lo que estás
haciendo.

✳ Una vez que hayas terminado dile a tu amigo
que trabaje con la página **B** sin que tú la hayas
siquiera ojeado.
Si la has mirado, aunque sea rápidamente, es muy
probable que este experimento no funcione.

✳ Una vez que ambos hayan terminado, den vuelta
la página y hagan rápidamente lo que propone la
página **C**.

A

※ **Para tus adentros**, por favor, ve nombrando lo que ves en la página (cuando hayas terminado entrégale el libro a tu compañero para que él haga lo mismo con la página siguiente. ¡Recuerda!, es muy importante que no sepas lo que él está haciendo).

9479082165 7

3412580217

2579724160

3475901436

7368753251

7530862375

B

✳ **Para tus adentros**, por favor, ve nombrando lo que ves en esta página (cuando hayas terminado, llama al dueño de este libro y nombren muy rápidamente aquello que ven en la página que sigue, que lleva la letra **C**).

KOERESOLAO

LUZODEOMIO

VIDAOERESO

LAOVOZOQUE

OMEOCALMA

✳ Ahora ambos mencionen en voz alta y al unísono el estímulo que aparece en esta página:

Es muy probable que hayas dicho

y que tu amigo haya mencionado la

Esto es porque el cerebro no solo usa el **CONTEXTO** para calcular el tamaño de las cosas, sino que también lo utiliza para darles **SIGNIFICADO**.

COMO POR TU PARTE VISTE MUCHOS NÚMEROS PROBABLEMENTE DISTE POR SENTADO QUE "O" ERA UN CERO, MIENTRAS QUE COMO TU AMIGO VIO LETRAS, PROBABLEMENTE SUPUSO QUE "O" SE REFERÍA A LA VOCAL. DOS PERSONAS PUEDEN VER EXACTAMENTE LO MISMO PERO PERCIBIR COSAS MUY DIFERENTES.

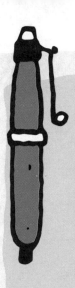

Te proponemos ahora que anotes ejemplos en los que el contexto cambia cómo sentimos o interpretamos alguna cosa.
VAN ALGUNOS de AYUDA:

Si en una materia en la que en general sacas 8 o 9, sacas un 6, esta será una mala noticia. Sin embargo en aquella materia en que tu calificación en general es un 4 o 5, el 6 será un motivo de festejo.

¿TE ANIMAS A CONVERSAR ESTE TEMA CON TUS PADRES?

NEURO TIP

CUANDO NO COINCIDAS CON ALGUIEN A QUIEN APRECIAS MUCHO Y NO ENTIENDAS CÓMO NO VE LAS COSAS DE LA MISMA FORMA, INTENTA INTERPRETAR EL ASUNTO PONIÉNDOTE EN SUS ZAPATOS.

Quizá si entiendes qué cosas del contexto lo hacen ver las cosas de manera diferente, puedan encontrar algún punto en común para buscar soluciones.

¿QUÉ VES CUANDO ME VES?

EL ÚLTIMO EXPERIMENTO DE ESTA PARTE NOS ACERCA A CUESTIONES MÁS COMPLEJAS EN LAS QUE PROFUNDIZAREMOS EN LA SECCIÓN QUE SIGUE.

✳ Te pediremos que mires muy atentamente esta foto y que trates de aprender los nombres de quienes aparecen en ella. No puedes tomarte más de un minuto. Luego da vuelta la página.

✳ Ahora intenta recordar los nombres de las personas que aparecen en la foto.

Bien. Si creíste que ese era el experimento, te equivocaste. Pasa a la página que sigue y verás a qué nos referimos.

✳ ¿Te diste cuenta de que Agustín tiene un cigarro en la primera foto pero no lo tiene en la segunda?

✳ ¿Te diste cuenta de que en la segunda foto apareció un pato en el fondo y ya no está el señor sentado?

✳ ¿Acaso te percataste de que en la segunda foto la playera de María no tiene el bolsillo que tenía en la primera?

✳ ¿O de que en la segunda foto hay una pelota en primer plano que no estaba antes?

¡LO MÁS PROBABLE ES QUE NO!
ESTO ES PORQUE
¡SOLO PERCIBIMOS AQUELLO
QUE ATENDEMOS!

Pero de esto hablaremos más en detalle en la SEGUNDA PARTE.

CÓMO

PENSAMOS

En la sección anterior intentamos explicarte qué es lo que hace el cerebro con la información que proviene de nuestros sentidos.

Ahora queremos contarte cómo el CEREBRO logra cosas aún más complejas, como hablar, recordar y trabajar con la información que nos rodea.

¿SABÍAS QUE...?

¡NO EXISTE UN ESTADO EN EL QUE NUESTRO CEREBRO NO HAGA NADA!

INCLUSO CUANDO DORMIMOS NUESTRO CEREBRO CONTINÚA TRABAJANDO.

ZZZZ

Nota: Tristán Bekinschtein, un brillante neurocientífico argentino radicado en Cambridge y gran amigo de la casa, ha estudiado qué sucede en nuestro cerebro mientras nos quedamos dormidos. Un abrazo especial para él, su mujer Ali y sus hijos Luna y Niko.

¿SABÍAS QUE...?

 EL DICHO DE QUE "SOLO USAMOS UN 10% DE NUESTRO CEREBRO" NO ES MÁS QUE UN MITO. NUESTRO CEREBRO SE USA

TODITO.

¡Así que, a cuidarlo bien, que en él no sobra nada!

EL DICCIONARIO
DE NUESTRO CEREBRO I

EN ESTE EXPERIMENTO NECESITARÁS UN LÁPIZ
Y UN CRONÓMETRO (SI NO TIENES UNO
A MANO, PROBABLEMENTE EL TELÉFONO DE TUS
PADRES TENGA UNO Y HASTA PUEDES PEDIRLE
A UNO DE ELLOS QUE TE CRONOMETRE).

¡SOLO LEE LAS INSTRUCCIONES CUANDO TENGAS EL LÁPIZ EN LA MANO Y EL CRONÓMETRO LISTO PARA MEDIR TU TIEMPO!

INSTRUCCIONES

✳ En la página siguiente escribe **15** palabras que comiencen con la letra **"N"** y anota el tiempo que te lleve hacerlo. Luego, en la columna de la página 70, escribe **15** animales (que comiencen con cualquier letra) y nuevamente mide cuánto tiempo te lleva.

PALABRAS CON LA LETRA N

1. _____
2. _____
3. _____
4. _____
5. _____
6. _____
7. _____
8. _____
9. _____
10. _____
11. _____
12. _____
13. _____
14. _____
15. _____

TIEMPO: _____

ANIMALES CON CUALQUIER LETRA

1. _____
2. _____
3. _____
4. _____
5. _____
6. _____
7. _____
8. _____
9. _____
10. _____
11. _____
12. _____
13. _____
14. _____
15. _____

TIEMPO: _____

Seguramente tardaste menos tiempo con los animales, ¿no es así?

Esto ocurre porque
en nuestro cerebro
las palabras se organizan por

CATEGORÍAS

(como por ejemplo animales, herramientas, colores, comidas, etc.) y no alfabéticamente como en un **diccionario**.

✳ Si todavía no estás convencido, vuelve a intentarlo y verás que casi siempre funciona. Solo ten cuidado de no usar letras con las que comiencen muchas palabras (como la "p", por ejemplo) en contra de categorías en las que conozcas pocos elementos.

¿SABÍAS QUE...?

Hablar más de un idioma cambia tu CEREBRO.

¡Sí!

AQUELLAS PERSONAS QUE HABLAN MÁS DE UN IDIOMA TIENEN MAYOR CANTIDAD DE AXONES EN ALGUNAS ÁREAS DEL CEREBRO, SON **MÁS EJECUTIVAS** Y TIENEN UN **MENOR RIESGO DE SUFRIR ALGUNAS ENFERMEDADES CEREBRALES DURANTE SU VEJEZ**.

¿SABÍAS QUE...?

 Hasta los 9 meses de edad el CEREBRO de los niños está preparado para procesar todos los idiomas.

ASÍ, PUEDEN RECONOCER LOS ELEMENTOS QUE COMPONEN EL ESPAÑOL, EL INGLÉS, EL CHINO, EL ZAPOTECO, EL ALEMÁN Y CUANTA OTRA LENGUA EXISTA SOBRE LA TIERRA.
A PARTIR DE ESA EDAD, DICHA CAPACIDAD EMPIEZA A DESAPARECER Y EL CEREBRO SE VUELVE ESPECIALISTA PARA PROCESAR ÚNICAMENTE SU LENGUA MATERNA (AQUELLA QUE USAMOS, BÁSICAMENTE).

EXPERIMENTO 8

EL DICCIONARIO DE NUESTRO CEREBRO II

EN ESTE EJERCICIO NECESITARÁS NUEVAMENTE UN LÁPIZ Y UN CRONÓMETRO.

✳ Te pediremos que comiences a hacer correr tu cronómetro y, lo más rápido que puedas, nombres los objetos que están dibujados en la parte de arriba de la página siguiente (sin escribirlos, solo menciona el nombre de los objetos lo más rápido que puedas). No olvides anotar el tiempo que te haya llevado cuando hayas terminado.

Luego repite el proceso con los dibujos de la parte de abajo.

Nota: agradecemos a Macarena Martínez Cuitiño, investigadora especialista en lenguaje, que nos ayudó a pensar estos experimentos.

TIEMPO: _____

TIEMPO: _____

¿Cuánto tardaste en cada ejercicio? Seguramente tardaste menos en el primero que en el segundo. ¿Es así?

ESTO ES PORQUE, ADEMÁS DE POR CATEGORÍAS, LAS PALABRAS EN NUESTRO CEREBRO SE GUARDAN SEGÚN SU FRECUENCIA DE USO.

Esto quiere decir que las palabras que usamos más (como *lentes* o *lápiz*) son más fáciles de encontrar, que aquellas que usamos menos (como *salvavidas* o *microscopio*).

Lo mismo ocurre con los calcetines que usamos con mayor o menor frecuencia. Las que usamos poco quedan siempre al fondo del cajón, ¿no es cierto?

9

CREANDO UN DICCIONARIO FAMILIAR

COMO TE HEMOS DICHO, LAS PALABRAS SE GUARDAN MEJOR CUANTO MÁS LAS USAMOS.

Diccionario Familiar

✳ Cada vez que no comprendas el significado de una palabra, búscalo y anótalo en el DICCIONARIO FAMILIAR de las páginas que siguen (puedes buscar qué significa en el diccionario o preguntárselo a un adulto). Luego, cuando estén cenando en familia (o en cualquier momento en que se junten todos alrededor de la mesa) intenten, cada uno, crear una frase con las palabras nuevas de la semana.

Cuando no entiendas
el significado de una
palabra, pregúntasela
a un adulto o búscala
en el diccionario.

LUEGO INTENTA USARLA LA MAYOR
CANTIDAD DE VECES QUE PUEDAS EN LA
SEMANA, DE TAL FORMA QUE LA MISMA
SE GUARDE MEJOR EN TU CEREBRO.

NEURO TIP

Recuerda que gran parte de la comunicación es NO VERBAL.

TEN ESTO EN CUENTA CUANDO INTENTES
COMUNICAR UNA IDEA O CUANDO
QUIERAS ENTENDER LO QUE OTRO QUIERE
EXPRESARTE.
MIRA SUS GESTOS, PRESTA ATENCIÓN
A SU TONO DE VOZ Y A SU POSTURA
CORPORAL.
ESO TE DARÁ ALGUNA INFORMACIÓN
EXTRA QUE SEGURAMENTE PODRÁS USAR.

EXPERIMENTO 10

EL VALOR DE LA ATENCIÓN

EN EL ÚLTIMO EJERCICIO DE LA PRIMERA PARTE
TE MOSTRAMOS CÓMO NUESTRO CEREBRO
NO PERCIBE AQUELLO EN LO QUE NO NOS
DETENEMOS O A LO QUE NO PRESTAMOS
ATENCIÓN. AHORA, TE MOSTRAREMOS EL VALOR
QUE LA ATENCIÓN TIENE PARA LA MEMORIA.

✳ Lo primero que te pediremos es que
consigas un adulto que tenga colocado un
reloj. Pídele que, sin mirarlo ni un segundo,
se lo tape, y luego hazle las preguntas
de la página que sigue.

✔ ¿Qué forma tiene tu reloj?

_____

✔ ¿Tiene todos los números o tiene solo los cuartos?

_____

✔ Los números ¿son romanos o arábigos?

_____

✔ ¿De qué color es el fondo de tu reloj?

_____

✔ ¿De qué color son las agujas?

_____

✔ ¿De qué color son los números?

_____

✔ ¿De qué material es la correa? ¿Y de qué color es la correa?

_____

✳ Bien, ahora miren juntos el reloj y corrijan las respuestas. ¿Ha fallado en alguna?

Es sorprendente la cantidad de gente que falla en una o más de estas preguntas, más allá de que mira su reloj a diario y varias veces al día.

Esto sucede porque a nuestra memoria llega principalmente aquello a lo que hemos prestado

ATENCIÓN.

Aquellas cosas a las que no les prestamos atención son difíciles de recordar por más que hayamos estado frente a ellas por años y en cientos de oportunidades.

¡No importa cuántas veces te digan las cosas, si no te concentras realmente **en aquello que te quieren enseñar,** será difícil que lo aprendas!

¿SABÍAS QUE...?

Existe en nuestro cerebro lo que se llama un "Pestañeo Atencional"

CUANDO NOS PRESENTAN UN ESTÍMULO VISUAL ENTRE 180 Y 450 MILISEGUNDOS DESPUÉS DE OTRO, ES MUY PROBABLE QUE NUESTRO CEREBRO NO LO PERCIBA CONSCIENTEMENTE (AUNQUE SÍ AFECTA NUESTRAS DECISIONES).

Nota: tus prejuicios pueden también afectarte sin que te des cuenta. Este tema ha sido estudiado por Agustín Ibáñez, autor del libro "Qué son las Neurociencias", quien ha investigado cómo los prejuicios raciales pueden afectar nuestras conductas incluso sin darnos cuenta.

¿SABÍAS QUE...?

De este recurso echan mano también los MAGOS, quienes, sin que lo sepas, dirigen tu ATENCIÓN a determinados estímulos, haciendo que ignores otros, forzando tus decisiones (mientras crees que las tomas libremente).

Nota: de esto saben mucho Mariano Sigman (investigador en Neurociencias y a quien nos gusta considerar amigo de la casa, ya que colaboramos con él) y Andrés Rieznik. Ellos han investigado la toma de decisiones durante el trabajo del mago, y proponen que los magos no son otra cosa que "hackers" de nuestro cerebro.

EXPERIMENTO
11
EL PRECIO DE LA SELECCIÓN

AHORA SEGUIREMOS TRABAJANDO CON LA ATENCIÓN, PERO EN ESTE CASO CON UN EJERCICIO MÁS COMPLEJO DE ATENCIÓN SELECTIVA.

✳ Te pediremos varias cosas, una por página, en las tres páginas que siguen. Lee, por favor, las siguientes palabras lo más rápido que puedas:

MAYÚSCULA
MINÚSCULA
MINÚSCULA
MAYÚSCULA
MAYÚSCULA
MINÚSCULA
MINÚSCULA
MAYÚSCULA
MINÚSCULA
MAYÚSCULA

✳ Ahora dinos si las letras de cada renglón son MAYÚSCULAS o minúsculas.

(Ej.: si ves "xxxxxxxx" dirás "minúscula", mientras que si ves "XXXXXXX" dirás "mayúscula").

mmmmmmmmm

MMMMMMM

MMMMMMM

mmmmmmmmm

mmmmmmmmm

MMMMMMM

mmmmmmmmm

MMMMMMM

MMMMMMM

mmmmmmmmm

✳ Por último, dinos si las letras en que están escritas las palabras son MAYÚSCULAS o minúsculas, sin importar qué dice la palabra.

(Ej. si dice "MINÚSCULA", tú deberás decir "mayúscula" dado que la palabra está escrita en mayúscula).

mayúscula

minúscula

MINÚSCULA

mayúscula

MAYÚSCULA

minúscula

MINÚSCULA

mayúscula

MINÚSCULA

MAYÚSCULA

TE HA COSTADO
MÁS EL TERCER
EJERCICIO,
¿NO ES CIERTO?

La **ATENCIÓN** puede definirse como la capacidad de focalizar nuestros recursos intelectuales en un estímulo o pensamiento.

LA ATENCIÓN IMPLICA DESECHAR ALGUNAS COSAS, PARA OCUPARSE DE OTRAS.

Y en este caso "desechar" tiene su precio.

En el ejercicio anterior le
PEDIMOS A TU CEREBRO QUE NO LEA LAS PALABRAS
(que desoiga su significado),
para "ocuparse" de si es mayúscula
o minúscula.
Esto tiene un COSTO
¡que se mide en tiempo y en esfuerzo!

Este experimento se conoce en realidad como "**EL EFECTO STROOP**" y toma su nombre de su descubridor:

John Ridley Stroop.

Es un efecto que está presente en la mayoría de las PERSONAS.

En su versión original, se hace con **NOMBRES DE COLORES** escritos en **TINTAS** de **DIFERENTES COLORES**.

Esto crea un **EFECTO DE INTERFERENCIA** cuando, por ejemplo, la palabra **ROJO** está escrita en tinta **AZUL** y la persona debe nombrar el color de la tinta (y obviar el significado de la palabra).

Sabemos que la explicación es complicada...

¿TE ANIMAS A IMAGINARLO?

✳ Toma una pluma verde, una azul y una roja e intenta construir el ejercicio. LUEGO, SI TIENES ACCESO A INTERNET, BUSCA EL VERDADERO EFECTO STROOP Y FÍJATE QUÉ TAL TE HA IDO.

¿Te animas a PENSAR qué otros ejercicios generan un **EFECTO DE INTERFERENCIA** similar?

(Si necesitas ayuda, ve a la página siguiente).

Si bien nos interesa que realices por tu cuenta el ejercicio, sabemos que es difícil.

Por eso te daremos una ayuda proponiéndote palabras clave para encontrar otros casos en que se pueda generar este efecto.

1. grande/mediano/chico

2. letra script/manuscrita

NEURO TIP

CUANDO TE SIENTES A ESTUDIAR PREPÁRATE PARA PELEAR CONTRA LOS DISTRACTORES de tu atención.

LOS DISTRACTORES PUEDEN SER EXTERNOS (como ruidos, luces u olores) O INTERNOS, COMO PENSAMIENTOS QUE ROBAN TU ATENCIÓN (como cuando te encuentras pensando en el partido del sábado en vez de escuchar a los profesores).

SUGERENCIAS PARA PELEAR CONTRA DISTRACTORES EXTERNOS

- Apaga tu celular, la música o la TV antes de sentarte a estudiar.
- Cierra la puerta y las ventanas de tu cuarto.
- Avisa a tu familia que estás estudiando y pídeles que solo te interrumpan si sucede algo urgente.

SUGERENCIAS PARA PELEAR CONTRA DISTRACTORES INTERNOS

- Además de todos los útiles que necesites, ten a mano una libreta en la cual escribir cualquier preocupación que te surja en el momento de estudiar. Nuestro cerebro es especialista en buscar excusas y crear engaños para que no te sientes a estudiar. Anotar esas cosas te permitirá seguir, porque es una forma de asegurarle a tu cerebro que no las olvidarás.

EXPERIMENTO

12

NI SÍ, NI NO, NI BLANCO, NI NEGRO

EL JUEGO QUE SIGUE ES UNO QUE LA MAYORÍA DE LOS ADULTOS CONOCE. SE LLAMA "NI SÍ, NI NO, NI BLANCO, NI NEGRO".

✳ Consiste en tratar de sostener una conversación en la cual uno de los participantes (te proponemos que tomes ese lugar) no puede usar ninguna de estas palabras:

✖ **SÍ**

✖ **NO**

✖ **BLANCO**

✖ **NEGRO**

* Mientras tanto, todos los demás participantes se esforzarán por lograr que digas alguna de las palabras prohibidas.
* Obviamente el juego finaliza cuando hayas dicho cualquiera de ellas.

Si bien parece un juego fácil, te proponemos que invites a tu familia a jugarlo esta noche mientras cenan.

¿NO ES TAN FÁCIL? ¿O SÍ?

Los últimos **EXPERIMENTOS**, (12) Y (13), demuestran cómo nuestro CEREBRO está acostumbrado a hacer cosas, que luego le cuesta SUPRIMIR.

Esta capacidad de nuestra MENTE se llama INHIBICIÓN.

Con esta palabra
*(ideal para anotar
en tu diccionario familiar)*
nos referimos a la

¡ CAPACIDAD de SUPRIMIR
RESPUESTAS TÍPICAS !

que nuestro cerebro está listo para dar.

EXPERIMENTO 13

EL CEREBRO QUE APRENDE

EN ESTE EJERCICIO TE PEDIREMOS QUE TOMES UN LÁPIZ, TU LIBRO Y QUE LUEGO TE PARES FRENTE A UN ESPEJO INTENTANDO LEER EL REFLEJO DE LO QUE SIGUE.

✳ Ahora que puedes leer esto con facilidad te pediremos que con tu lápiz intentes dibujar una línea entre las dos que componen la forma pero sin tocarlas para nada. ¡No puedes mirar directamente a la hoja sino que siempre tienes que continuar mirando al espejo! Verás que es bastante complicado.

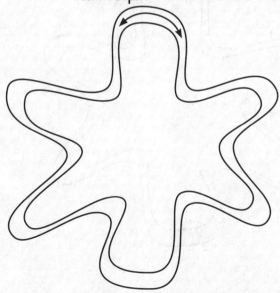

¡Ahora inténtalo varias veces más! ✳

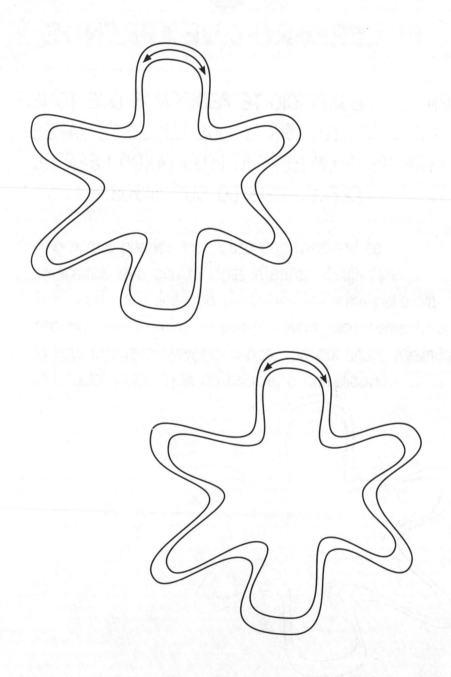

Cada vez has tocado menor cantidad de veces las líneas ¿no?

Esto ocurre porque nuestro cerebro no solo está preparado para aprender cosas, sino que también sabe

APRENDER ACCIONES.

Este tipo de memoria se llama

MEMORIA PROCEDIMENTAL

y es la misma que utilizamos para aprender actos motores complejos (como andar en bicicleta o nadar).

Es un aprendizaje que no necesariamente realizamos de forma consciente y depende de unas estructuras que se ubican en el fondo de nuestro cerebro (llamadas GANGLIOS BASALES)

SI QUIERES SEGUIR DIVIRTIÉNDOTE CON ESTA MEMORIA,
PASA A LA PÁGINA SIGUIENTE DONDE
TE PEDIREMOS ALGO AÚN MÁS DIFÍCIL...

¿Recuerdas que unas páginas atrás te pedimos que leyeras algo frente al espejo?

No es fácil escribir al revés de tal forma que aquello que escribimos se lea perfectamente frente a un espejo.

✳ ¿Te animas a escribir tu nombre en esta hoja imaginando cómo debería verse en el espejo para que quede perfecto?

✳ Ahora párate con tu obra frente a un espejo. ¿Cómo quedó?

¡EN LA SIGUIENTE PÁGINA TE DAMOS MÁS ESPACIO PARA QUE LO SIGAS INTENTANDO HASTA QUE TE QUEDE PERFECTO!
SI YA TE HABÍA QUEDADO PERFECTO, PUEDES USAR EL ESPACIO DE LAS SIGUIENTES HOJAS PARA VER CÓMO TU CEREBRO TARDA CADA VEZ MENOS EN ESCRIBIR TU NOMBRE DE ESTA FORMA.

Intento 2

_____

Intento 3

_____

Intento 4

_____

Intento 5

_____

No te preocupes si aún no quedó perfecto o si todavía te resulta difícil. La memoria procedimental aprende lento, pero casi nunca olvida.

ADEMÁS, EXISTEN LETRAS QUE SON PARTICULARMENTE COMPLICADAS, COMO LA

P

Y LA

(SOLO POR NOMBRAR UN PAR).

EXPERIMENTO
14

EL TELÉFONO QUE
SE DESCOMPONE

¿CONOCES EL JUEGO DEL TELÉFONO
DESCOMPUESTO? REQUIERE LA PRESENCIA
DE VARIAS PERSONAS (AL MENOS 5) ASÍ QUE ES
UN JUEGO IDEAL PARA HACER EN LA ESCUELA
O INVOLUCRANDO A TODA TU FAMILIA, SI ES QUE
TIENES UNA FAMILIA NUMEROSA.

SIGUE ESTOS PASOS PARA JUGARLO:

✳ Piensa una frase bastante larga (que tenga
al menos 12 palabras), pídele a los jugadores que
formen una ronda y dile al jugador de tu derecha la
frase en secreto. Luego pídele que él repita el proceso
con el jugador de su derecha (es decir, que le diga la
frase que escuchó secretamente al oído).

✳ Una vez que la ronda haya terminado de pasarse
la frase, pídele al último jugador (el que está a tu
izquierda) que diga la frase que escuchó.

Probablemente no hayan logrado
transmitir la frase a la perfección,
¿O sí?

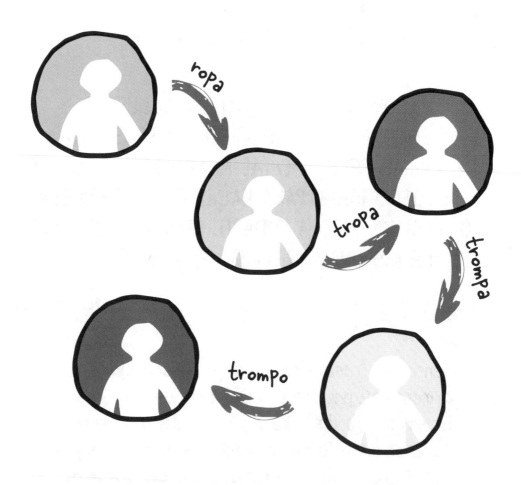

Nota: el efecto funciona mejor cuánto más
larga sea la frase y cuántas más personas estén
involucradas.

Nuestros recuerdos funcionan más o
menos de la misma forma:
cuantas más veces los hayamos evocado
(o recordado), más probable es que los
mismos se vayan modificando, inclusive
sin darnos cuenta.

ASÍ, LOS RECUERDOS SE
REFORMULAN Y SE REESCRIBEN
CADA VEZ QUE RECORDAMOS UN
ACONTECIMIENTO.

Nota: Argentina ha producido grandes
expertos en el tema de consolidación
y reconsolidación de la memoria. Entre
ellos no podemos dejar de nombrar al Dr. Héctor
Maldonado, al Dr. Jorge Medina y al Dr. Pedro
Bekinschtein (¡¡¡sí!!! hermano mellizo de Tristán,
pero a este le gusta estudiar ratoncitos).

UNA ESTRUCTURA QUE ES
FUNDAMENTAL EN ESTE PROCESO
DE GENERACIÓN DE NUEVAS
MEMORIAS, ES EL LLAMADO
HIPOCAMPO.

Esta área del cerebro es la responsable
de "grabar" los nuevos RECUERDOS
en nuestro CEREBRO.

Un dato importante acerca de
esta estructura con forma de
CABALLITO DE MAR,
es que le gusta trabajar
DE NOCHE.

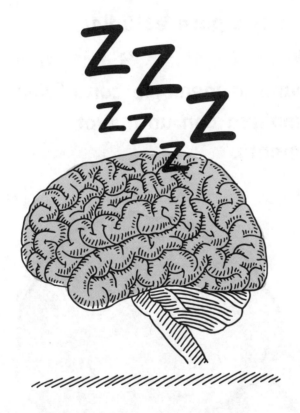

Algunos dicen que durante el sueño
se consolida aquello que aprendimos
durante el día.

NEURO TIP

 No es nada recomendable
NO DORMIR
(ni aunque sea para estudiar)
la noche anterior a un examen.
Lo que gana la memoria con el sueño
no se remplaza con un mayor
entrenamiento.

NEURO TIP

Trata de estudiar un poco cada día.

 DISTRIBUIR las horas de estudio durante el día o, mejor aún, durante varios días, parece ser un mejor método de estudio que estudiar varias horas seguidas

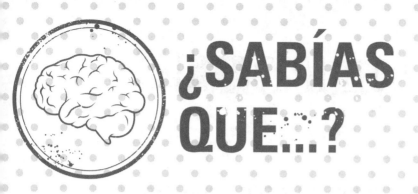

¿SABÍAS QUE...?

Hay personas que funcionan mejor por la mañana y otras que funcionan mejor al atardecer. Así, se dice que existen ALONDRAS y BÚHOS.

ESTA ES MI NOCHE

BUENOS DÍAS

(Mientras que las alondras prefieren el día, los búhos prefieren la noche).

¿SABÍAS QUE...?

Va una mejor: LA MAYORÍA de los adolescentes **SON MÁS BÚHOS QUE ALONDRAS** y esto suele invertirse en los adultos. ¡Sí! ¡Es por esto que a tu madre le cuesta tanto levantarte de la cama!

EXPERIMENTO 15

LA MEMORIA QUE TRABAJA

ESTE ES UN JUEGO PARA REALIZAR CON UN INTEGRANTE DE TU FAMILIA O UN AMIGO.

✳ La idea es que le leas, uno por vez, los siguientes estímulos y le pidas que los repita.
(Si le lees N47, él deberá responder N47).

✳ Anota hasta cuál logra repetir sin equivocarse.

N47
DF6H
R5DK7
2JN4L3
DME652T
K59GQ29F
C73GLW2V1
H5D82TR4SM

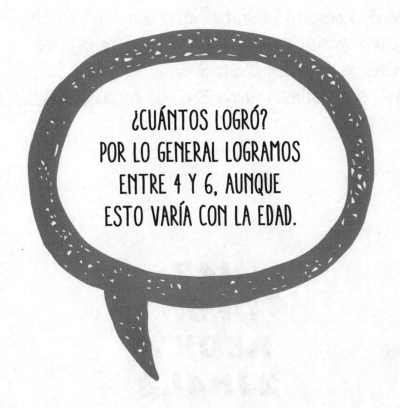

¿CUÁNTOS LOGRÓ?
POR LO GENERAL LOGRAMOS
ENTRE 4 Y 6, AUNQUE
ESTO VARÍA CON LA EDAD.

✳ Ahora menciónale estos números y letras y pídele que te diga primero las letras en orden ALFABÉTICO y, una vez que haya finalizado, que te diga los números en orden DESCENDENTE.
Así, si el estímulo fuera R2Y5, la respuesta debería ser RY52.

N47

DF6H

R5DK7

2JN4L3

DME652T

K59GQ29F

C73GLW2V1

H5D12TR4SM

Probablemente hayan sido algunos
menos que en el ejercicio anterior,
¿no es cierto?

Esto es porque si bien ambos ejercicios
requieren lo que antes se llamaba
memoria a corto plazo
(dado que en ella la información se guarda
solo por pocos segundos),
hoy sabemos que este almacén
es capaz de "TRABAJAR"
con la memoria.

De hecho, este tipo de memoria
se conoce ahora como

MEMORIA DE TRABAJO.

Como habrás notado, esta habilidad
tiene un **COSTO**, que es, en general,
¡de 1 o 2 elementos!

✳ Ahora pídele a tu amigo que haga exactamente lo mismo que en el ejercicio anterior.

Es decir: menciónale los números y letras y pídele que te diga primero las letras en orden ALFABÉTICO y, una vez que haya finalizado, que te diga los números en orden DESCENDENTE.

N19

DT2E

R3TD6

2DE6M9

D2S86AH

K06AQ29C

CSN18HDE6

H8DEN5692M

Y ahora...
¿Cómo le fue?

Probablemente le haya ido aún peor
que en el ejercicio anterior.

¿PUEDES DARTE CUENTA DE POR QUÉ?

Lo que sucede es que nuestra memoria sufre de lo que se llama

EFECTO DE SIMILUTUD FONOLÓGICA.

Más allá de lo complicado del nombre, lo que significa es que este tipo de memoria encuentra más complicado trabajar con **ELEMENTOS** que suenan parecidos entre sí.

Así, encontrará más difícil trabajar con "**8 y H**" que con "**1 y H**" porque "ocho y hache" suenan parecido.

Nota: ¿puedes encontrar otros números y letras que "suenen" parecido? ANÓTALOS:

127

LA MEMORIA INVISIBLE

HACE UNOS AÑOS, CORRÍA ENTRE LOS NIÑOS EL JUEGO QUE TE PROPONEMOS A CONTINUACIÓN.

✳ La idea es que le pidas a un amigo que te responda lo más rápido que pueda a las siguientes preguntas:

1. ¿De qué color es la nieve?

2. ¿De qué color son las nubes?

3. ¿De qué color es la bata de un médico?

4. ¿De qué color son las hojas rayadas del colegio?

5. ¿Qué toma la vaca?

Por lo general este experimento funciona a la perfección y la mayoría de las personas responden **que las vacas toman leche**.

Si no ha funcionado con tu amigo inténtalo con otro, o con tus padres.

Recuerda que es fundamental que hagas las preguntas rápidamente y que el otro participante las responda también muy rápido.

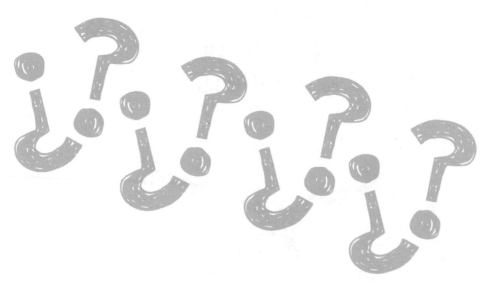

La mayoría de las personas responden que las vacas toman leche **porque las respuestas a las preguntas anteriores hacían referencia al color blanco**. Nuestro cerebro guarda esa información y frente a la pregunta

¿QUÉ TOMA LA VACA?

ESE RECUERDO INCONSCIENTE REAPARECE Y NOS JUEGA UNA MALA PASADA.

Este efecto se relaciona con un tipo de memoria que se llama *priming,* que explica cómo **un estímulo previo favorece o entorpece el procesamiento del estímulo siguiente**.

NEURO TIP

Para "grabar" mejor en tu memoria AQUELLO QUE QUIERES APRENDER, intenta relacionarlo con otros conocimientos DE OTRAS MATERIAS.

POR EJEMPLO, SI ESTÁS ESTUDIANDO LA HISTORIA DE ESPAÑA, INTENTA PENSAR DÓNDE ESTABA UBICADA ESPAÑA EN EL MAPA QUE VISTE EN GEOGRAFÍA E INCLUSO QUÉ FORMA GEOMÉTRICA TE PARECE QUE LA REPRESENTA MEJOR (un cuadrado, un círculo o un triángulo).
¡HACER ESTAS ASOCIACIONES FACILITA MUCHO LA CONSOLIDACIÓN DE AQUELLO QUE APRENDEMOS!

✔NEURO TIP 👍

✳ ¿Sabías que para el cerebro es más fácil aprender por grupos?

SÍ, PARA LA MAYORÍA DE LAS PERSONAS ES MÁS FÁCIL APRENDER 4 GRUPOS DE 3 COSAS QUE 12 COSAS SUELTAS. ES PROBABLE QUE ESTO MEJORE BASTANTE TU RENDIMIENTO: CUANDO QUIERAS APRENDER LISTAS DE COSAS, INTENTA AGRUPARLAS.

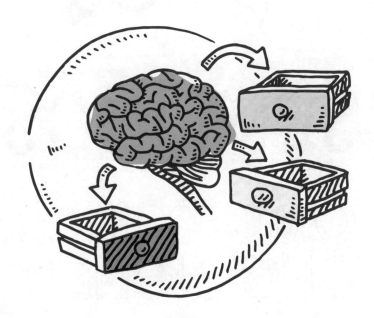

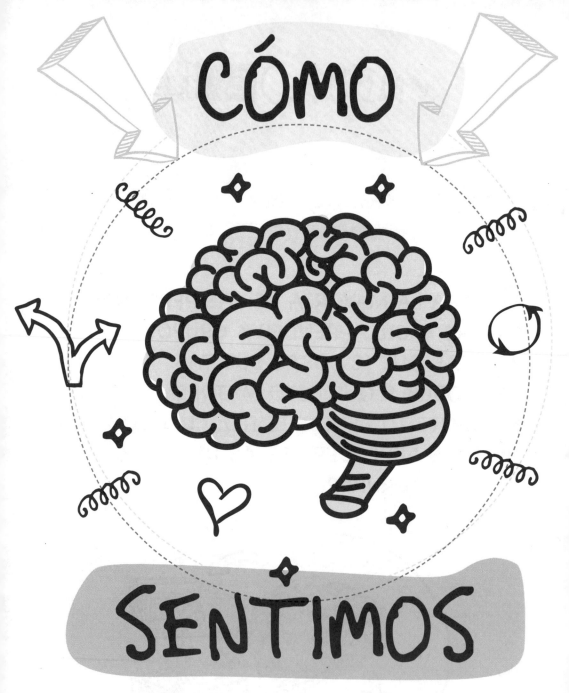

CÓMO SENTIMOS

Y CÓMO TOMAMOS DECISIONES

Ya te hemos contado algunas cosas acerca de cómo el cerebro interpreta la información de los sentidos y de cómo trabaja con ella. Te hemos contado acerca de cómo el cerebro guarda palabras y se concentra. Hemos hablado de la memoria y de las cosas que la favorecen. Llegó el momento de ocuparnos de cosas aún más complejas.

En esta sección te contaremos algunas cosas acerca de nuestras emociones, y cómo afectan nuestras decisiones.

LA CARA DE GUTIÉRREZ

ANTES DE HACER EL SIGUIENTE
EXPERIMENTO QUEREMOS PRESENTARTE A
NUESTRO AMIGO GUTIÉRREZ.

✳ Ahora te mostraremos dibujos de Gutiérrez en
momentos en los que sentía diferentes emociones.

✳ Por favor, escribe debajo de cada dibujo la emoción que crees
que está sintiendo Gutiérrez. Estas son las posibles opciones:
MIEDO - ENOJO - SORPRESA - TRISTEZA - ASCO- ALEGRÍA

Probablemente no te haya resultado
muy difícil el experimento anterior,
y esto es por diversas razones:

nuestro **CEREBRO** nace preparado
para reconocer **6 EMOCIONES BÁSICAS**
que son:

LA ALEGRÍA

LA TRISTEZA

EL MIEDO

LA SORPRESA

EL ASCO

Y EL ENOJO

Estas **EMOCIONES** están presentes en
TODOS LOS ANIMALES
Y EN TODAS LAS PERSONAS,
sin importar de dónde vengan.

Estas EMOCIONES tienen
FORMAS DE EXPRESARSE
determinadas que también se repiten en
las diferentes especies y culturas

¡GUAU!

SI NO TERMINAS DE CREER QUE LA EXPRESIÓN DE ESTAS
EMOCIONES ES IGUAL EN PERSONAS Y ANIMALES, MUÉSTRALE
A TUS PADRES LOS DIBUJOS DE GUTIÉRREZ Y VERÁS
QUE RESPONDEN EXACTAMENTE LO MISMO.

¿SABÍAS QUE...?

Aquellas personas QUE TIENEN MASCOTAS gozan de una MEJOR SALUD FÍSICA Y MENTAL.

Los estudios indican que las personas que tienen mascotas ¡tienen menor riesgo de sufrir infartos, viven más tiempo y tienen una mejor salud mental!

¿SABÍAS QUE...?

 El bostezo no es solo contagioso ENTRE HUMANOS sino que también se contagia ENTRE LOS PERROS Y SUS DUEÑOS.

¡Algunos científicos sugieren que esto sucede por la gran capacidad empática de estos animales!

 **NEURO** TIP

 SUPRIMIR NUESTRAS EMOCIONES PUEDE TENER EFECTOS NEGATIVOS.

Es importante que aprendas a identificar tus emociones y a compartirlas con los demás cuando no terminas de entenderlas.

✔NEURO TIP 👍

SI ALGO NO TE HACE SENTIR BIEN, INTENTA ENCONTRARLE UN LADO POSITIVO.

MUCHAS VECES, LO QUE SENTIMOS SE PUEDE RESIGNIFICAR (ver mitad lleno, el vaso mitad vacío).

EXPERIMENTO 18

EN BUSCA DE EMOCIONES

TE PEDIREMOS AHORA QUE
VUELVAS A MIRAR A LOS PERSONAJES
DEL EXPERIMENTO 4 (PÁG. 49)

✳ ¿Qué emoción te parece que están sintiendo?
¿Están alegres o tristes?

¿Qué te parece que están haciendo?
¿Se están acercando al árbol o se están alejando
de él?

¿Son en realidad personajes?
¿O podríamos decir que son solamente
un triángulo y un círculo?

COMO HABRÁS NOTADO EN LA PÁGINA
ANTERIOR, ES FÁCIL DARSE CUENTA DE QUE
EL TRIÁNGULO Y EL CÍRCULO ESTÁN TRISTES
Y DE QUE SE ESTÁN YENDO Y NO LLEGANDO....

¿PUEDEN ACASO UN TRIÁNGULO Y UN CÍRCULO
SENTIR EMOCIONES O TENER INTENCIONES?

Nuestro **CEREBRO** está programado para dar significado y

BUSCAR EMOCIONES e INTENCIONES

(incluso allí donde pueda dudarse de que en realidad las haya).

De hecho con las letras también podemos transmitir emociones. ¿No es cierto? Mira si no la página siguiente...

MIEDO

＊ ¿Te animas a pensar una tipografía para cada una de las restantes emociones básicas?
(¿Será acaso **TIPOGRAFÍA** otra palabra para incluir en tu diccionario familiar?).

＊ PUEDES JUGAR TAMBIÉN CON LOS **TAMAÑOS,** COLORES y **GROSORES** PARA AYUDARTE.

ALEGRÍA:

TRISTEZA:

ASCO:

SORPRESA:

ENOJO:

SI QUIERES VER QUÉ TAN BIEN LO HAS HECHO, TAPA
EL NOMBRE DE LAS EMOCIONES Y PÍDELE A TUS
PADRES O A UN AMIGO QUE INTENTE RECONOCERLAS.

¿SABÍAS QUE...?

Cuando ves a alguien sufrir **SE ACTIVAN LAS MISMAS ÁREAS DEL CEREBRO** que cuando sufres en carne propia.

Este es un mecanismo biológico que se encuentra en la base de la empatía y la colaboración entre seres humanos.

¿SABÍAS QUE...?

Si bien el cerebro es el encargado de hacernos sentir dolor, en sí mismo ESTE ÓRGANO CORPORAL NO DUELE.

Por eso algunas cirugías cerebrales pueden hacerse con los pacientes despiertos. No importa cuánto se corte del cerebro, el paciente no lo sentirá.

EXPERIMENTO

19

LA RISA QUE CONTAGIA

PARA REALIZAR EL SIGUIENTE EXPERIMENTO
TIENES QUE CALIFICAR CON UN NÚMERO
DEL **0** AL **10** EL NIVEL DE ALEGRÍA
QUE SIENTES EN ESTE MOMENTO

✳ **0** sería si no sientes ni una pizca de alegría
y **10** si estás realmente contento.

Y EL NÚMERO ELEGIDO ES:

✳ Ahora, te pediremos que, con permiso de tus padres, vayas a internet y busques algún video de alguien riéndose a CARCAJADAS.

✳ Tómate unos minutos para mirarlo. Ahora dinos nuevamente qué número del **0** al **10** representa tu nivel de alegría:

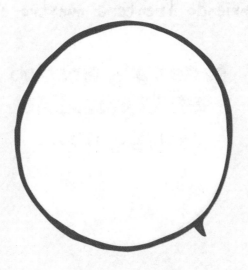

Probablemente tu número haya
mejorado,
¿no es cierto?

El mismo efecto puede lograrse si sonríes
frente al espejo o si sostienes un lápiz
con tus dientes imitando una sonrisa.

Las EMOCIONES
tienen una EXPRESIÓN FACIAL,
que cuando las provocamos
artificialmente

(ya sea mirando un video divertido,
o sonriendo frente a nuestro espejo)

parte de la emoción
"SE CONTAGIA"
en nosotros.

Para nosotros es **MUY IMPORTANTE**
que entiendas que

LA FORMA EN QUE NOS SENTIMOS AFECTA LA FORMA EN QUE PERCIBIMOS EL MUNDO QUE NOS RODEA.

ASÍ, SI ESTAMOS TRISTES PROBABLEMENTE VEAMOS PRINCIPALMENTE EL LADO NEGATIVO DE LAS COSAS, MIENTRAS QUE SI ESTAMOS CONTENTOS PROBABLEMENTE NOS CENTREMOS EN LO POSITIVO.

✔NEUROTIP 👍

 Si no te sientes demasiado alegre, SONRÍE frente al espejo o mira una foto en la que te estés riendo.
Pídele a alguien que te cuente un chiste o mira un video QUE TE HAGA REÍR.

Solo el hecho de esbozar esa sonrisa probablemente te haga sentir un poco mejor.

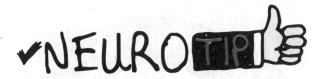

NEURO TIP

 Estar triste por mucho tiempo PUEDE AFECTAR TU FUNCIONAMIENTO COGNITIVO e intelectual.

Si notas que te sientes habitualmente triste, háblalo con algún adulto en quien puedas confiar.

LA MEMORIA EMOCIONAL

EN ESTE EXPERIMENTO TE PEDIREMOS
QUE SAQUES TU CRONÓMETRO
(O EL DEL TELÉFONO DE TUS PADRES).

✳ Por 15 segundos mira las figuras que están a
continuación. Una vez que haya terminado ese tiempo,
da vuelta la página y nombra todos los ítems que
recuerdes.

✳ Nombra (o dibuja) aquí todos los ítems que recuerdes de la página anterior.

✳ Ahora repite la operación con los siguientes ítems. Mira los dibujos de esta página por 15 segundos y luego intenta dibujarlos en la página que sigue.

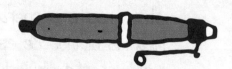

✳ Nombra (o dibuja) aquí todos los ítems que recuerdes de la página anterior.

Probablemente **hayas RECORDADO más ítems de la primera tanda** que de la segunda ¿no es cierto?

Esto es porque

Nuestra memoria RECUERDA MEJOR AQUELLA INFORMACIÓN que tiene un CONTENIDO EMOCIONAL.

Como ya te habrás dado cuenta, la primera tanda de dibujos estaba compuesta por cosas con una alta "carga" emocional (como la calavera o el corazón), mientras que la segunda estaba compuesta por elementos sin este valor emocional.

✔NEURO TIP 👍

Antes de estudiar, escucha
tu canción favorita
o come algo que te guste.
Intenta estudiar en algún lugar
que te resulte AGRADABLE
y PLACENTERO.

Si tienes sentimientos
positivos al momento
de estudiar es
probable que obtengas
un mejor rendimiento.

NEUROTIP

¿Sabías que la tristeza puede afectar tu forma de tomar decisiones?

Intenta no tomar decisiones importantes cuando estés triste. probablemente no son las mismas que tomarías cuando tu estado de ánimo es otro.

EL TIEMPO VUELA

EN ESTE EXPERIMENTO NECESITARÁS:

→ UN CRONÓMETRO
→ TU ROPA DE DEPORTE
→ PERMISO DE TUS PADRES PARA CORRER
5 MINUTOS CON LA FIRME PROMESA
DE CUIDAR LAS PERTENENCIAS FAMILIARES

✳ Lo que te pediremos es extraño, pero debes confiar en nosotros.

✳ Necesitamos que una vez que termines de leer esta página actives tu CRONÓMETRO y sin mirarlo COMIENCES A CORRER POR TODA LA CASA RIÉNDOTE A CARCAJADAS lo más fuerte que puedas.

✳ Sin mirar nunca el cronómetro, sigue corriendo y riéndote a carcajadas, hasta que creas que ha pasado 1 MINUTO.

✳ Cuando creas que ha pasado un minuto, detente y detén tu cronómetro.

¿CÓMO TE HA IDO?

¿HAS CALCULADO BIEN EL PASO DEL TIEMPO?

¿Qué ocurrió?

¿ACASO TU RELOJ INTERNO NO COINCIDE CON EL TIEMPO REAL?

EFECTIVAMENTE.

Lo que sucede es que cuando nuestro
CEREBRO
se enfrenta a situaciones emocionantes,
nuestro reloj interno se vuelve loco,
se distorsiona y siente
—en la mayoría de los casos—
que el tiempo pasa más rápido.

EL TIEMPO NO ES ALGO QUE NUESTRO CEREBRO CALCULE OBJETIVAMENTE, SINO QUE DEPENDE DE AQUELLO QUE ESTAMOS HACIENDO O QUE ESTÁ SUCEDIENDO. ES POR ESTO QUE CUANDO SUCEDEN COSAS EMOCIONANTES EL TIEMPO PARECE PASAR VOLANDO.

(Mientras que cuando estamos aburridos, el tiempo parece no pasar nunca).

Aunque podría pensarse que el tiempo pasa igual para todos, lo cierto es que la vivencia que cada uno tiene del tiempo es subjetiva y diferente al tiempo cronológico (aquel que marca el reloj).

Nota: Diego Golombek, quien dirige el laboratorio de Cronobiología de la Universidad de Quilmes, ha dedicado gran parte de su carrera científica a estudiar este reloj biológico en personas y animales. Nuestro cariño hacia nuestro amigo Diego.

NEURO TIP

 Trata de INCLUIR EJERCICIO FÍSICO como parte de tu rutina.

La actividad física no solo cuida tu cuerpo, sino que también cuida tu cerebro.

NEUROTIP

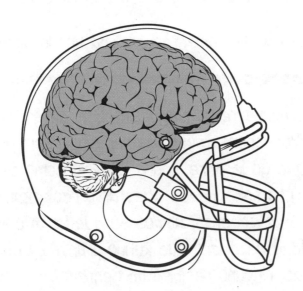

Cuando hagas deporte, es importante que PROTEJAS tu cerebro.

No te olvides de utilizar tu casco cuando andes en bicicleta, patineta o si realizas deportes de contacto.

EXPERIMENTO 22

EL JUEGO DEL ULTIMÁTUM

EN EL SIGUIENTE EXPERIMENTO NECESITARÁS NUEVAMENTE VARIAS PERSONAS. PUEDEN SER NIÑOS O ADULTOS.

✳ La idea es que le comentes a cada uno lo siguiente:

> Quiero proponerte un juego. En él, mi amigo Rufino tendrá la responsabilidad de repartise contigo el dinero que yo le daré. Podrá hacerlo como se le ocurra y tú solo puedes aceptar o rechazar la oferta. Si la aceptas, ambos se quedarán con la cantidad de dinero que Rufino propuso. Si la rechazas, ninguno recibirá un centavo.

✳ Tras haberle dicho esto, muéstrale —una tras otra— las tres hojas que siguen. Anota las respuestas y luego transcríbelas a la tabla de la página 176.

Si le doy a Rufino $100 para repartir:

TE PROPONGO QUEDARME
CON $50

Y QUE TÚ TE QUEDES CON
$50.

¿ACEPTARÍAS?

¿SÍ?

O

¿NO?

Si le doy a Rufino $100 para repartir:

TE PROPONGO QUEDARME

CON $55

Y QUE TÚ TE QUEDES CON

$45.

¿ACEPTARÍAS?

¿SÍ?

O

¿NO?

Si le doy a Rufino $100 para repartir:

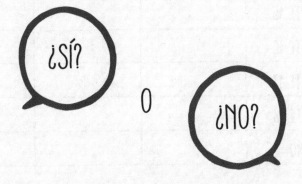

TE PROPONGO QUEDARME

CON $95

Y QUE TÚ TE QUEDES CON

$5.

¿ACEPTARÍAS?

¿SÍ?   O   ¿NO?

	OFERTA 1	OFERTA 2	OFERTA 3
PARTICIPANTE 1			
PARTICIPANTE 2			
PARTICIPANTE 3			
PARTICIPANTE 4			
PARTICIPANTE 5			
PARTICIPANTE 6			
PARTICIPANTE 7			
PARTICIPANTE 8			
PARTICIPANTE 9			
PARTICIPANTE 10			
PARTICIPANTE 11			
PARTICIPANTE 12			
PARTICIPANTE 13			
PARTICIPANTE 14			
PARTICIPANTE 15			
PARTICIPANTE 16			
PARTICIPANTE 17			
PARTICIPANTE 18			
TOTAL NO			

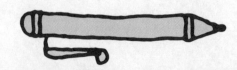

✳ Por favor cuenta ahora cuántos "NO" has recibido para cada oferta y anótalos en la FILA FINAL.

HAS RECIBIDO MÁS "NO" EN LA ÚLTIMA OFERTA

¿CIERTO?

Por más que te parezca
LÓGICO
lo cierto es que no lo es.

La **DECISIÓN MÁS CONVENIENTE**
y **RACIONAL** hubiese sido contestar
"**SÍ**" a **TODAS** las **OFERTAS**

(porque, desde un punto de vista racional,
siempre es mejor quedarse con algo,
aunque sea poco, que con nada).

Esto sucede porque
NUESTRO CEREBRO
NO TOMA DECISIONES
RACIONALMENTE

sino que las emociones
(afortunadamente)
se meten en el medio.

NO ES LO MISMO EL EQUIPO PROPIO QUE EL AJENO

ESTE ES UNO DE LOS EJERCICIOS MÁS COMPLICADOS DEL LIBRO PORQUE REQUIERE UN TRABAJO IMPORTANTE. TENDRÁS QUE ENTREVISTAR A ALGUNOS AMIGOS Y LUEGO TENDRÁS QUE HACER ALGUNAS CUENTAS PARA COMPRENDER QUÉ ES LO QUE SUCEDE. MÁS ALLÁ DE QUE SABEMOS QUE ES MEDIO MOLESTO. DECIDIMOS ESCRIBIR ESTO ASÍ PARA ESTAR SEGUROS DE QUE ESTÁS DISPUESTO A HACER EL ESFUERZO.

EXP. 23

✳ Para este ejercicio deberás organizarte. Para eso es siempre bueno escribir los pasos necesarios para llevar a cabo un plan:

1. Deberás fotocopiar las 2 páginas que siguen, realizando de cada una una copia para la mitad de tu clase (si tienes 30 compañeros harás por lo tanto 15 de cada una).

2. Con permiso de tu maestro entrega a la mitad de tus compañeros la copia del dilema A y a la otra mitad la copia del dilema B. Pídeles que se tomen unos minutos para responder las preguntas que se plantean. Asegúrate de que no hablen entre sí y de que no sepan lo que los demás están leyendo.

3. Luego, junta los papeles y divídelos en dos grupos: aquellos que hayan contestado la página A y aquellos que hayan contestado a la página B.

4. Asegúrate de tener la misma cantidad de papeles en cada grupo y, si no es así, descarta alguno al azar para que te queden parejos.

5. Suma luego la cantidad de Sí que cada grupo ha sugerido.

DILEMA A

IMAGINA POR FAVOR LA SIGUIENTE ESCENA: SE ESTÁ JUGANDO LA FINAL DE LA COPA ORO ENTRE MÉXICO Y ESTADOS UNIDOS. EN EL PRIMER TIEMPO MÉXICO GOLEA A ESTADOS UNIDOS POR 3 A 0. EN EL MEDIO TIEMPO EL TÉCNICO DE ESTADOS UNIDOS DECIDE PONER UN CALMANTE EN EL AGUA DE LOS JUGADORES DEL EQUIPO CONTRARIO PARA QUE JUEGUEN ADORMECIDOS Y ASÍ PUEDAN DAR VUELTA AL MARCADOR. CON LOS JUGADORES MEXICANOS ADORMECIDOS, ESTADOS UNIDOS LOGRA DAR VUELTA EL PARTIDO Y OBTIENE LA COPA. ANTES DE COMENZAR EL SIGUIENTE CAMPEONATO SE DESCUBRE LA ARTIMAÑA.

¿CREES QUE ESTADOS UNIDOS DEBE SER SUSPENDIDO DE LA SIGUIENTE COPA ORO?

MARCA CON UN CÍRCULO LA RESPUESTA CORRECTA.

SÍ   NO

DILEMA B

IMAGINA POR FAVOR LA SIGUIENTE ESCENA. SE ESTÁ JUGANDO LA FINAL DE LA COPA ORO ENTRE MÉXICO Y ESTADOS UNIDOS. EN EL PRIMER TIEMPO ESTADOS UNIDOS GOLEA A MÉXICO POR 3 A 0. EN EL MEDIO TIEMPO EL TÉCNICO DE MÉXICO DECIDE PONER UN CALMANTE EN EL AGUA DE LOS JUGADORES DEL EQUIPO CONTRARIO PARA QUE JUEGUEN ADORMECIDOS Y ASÍ PUEDAN DAR VUELTA AL MARCADOR. CON LOS JUGADORES DE ESTADOS UNIDOS ADORMECIDOS, MÉXICO LOGRA DAR VUELTA EL PARTIDO Y OBTIENE LA COPA. ANTES DE COMENZAR EL SIGUIENTE CAMPEONATO SE DESCUBRE LA ARTIMAÑA.

¿CREES QUE MÉXICO DEBE SER SUSPENDIDO DE LA SIGUIENTE COPA ORO?

MARCA CON UN CÍRCULO LA RESPUESTA CORRECTA.

SÍ   NO

De los **QUE RECIBIERON LA PÁGINA A**

responden que SÍ

De los **QUE RECIBIERON LA PÁGINA B**

responden que SÍ

Lo más probable es que el grupo que recibió el dilema "A" haya dado más respuestas afirmativas que aquellos que recibieron el dilema "B".

(Es decir, que el número superior debería ser mayor al número inferior).

¿ES ASÍ?

Esto sucede porque
cuando nuestro **CEREBRO** juzga,
no lo hace imparcialmente,
sino que muy por el contrario,

SUELE TOMAR PARTIDO.

Así, por lo general,
somos MÁS AMABLES
con aquellos con quienes
tenemos cosas en común
y más INDIFERENTES
frente aquellos
que no se nos parecen.

¿TE ANIMAS A CONTARLES EL RESULTADO DE TU EXPERIMENTO A TUS PADRES O A TUS COMPAÑEROS DE CLASE?

BONUS

Ya nos estamos acercando al final de nuestro libro. Pero antes de dejarte, queríamos contarte algunos datos interesantes acerca de nuestra mente y nuestro cerebro. Estos datos no necesariamente se relacionan con los anteriores, pero son datos divertidos e importantes para comprender un poco más acerca del funcionamiento cerebral. Hablaremos de las matemáticas del cerebro, de su geografía y hasta del cerebro de los delfines, para desterrar en el camino algunos mitos acerca del funcionamiento cerebral.

EL CEREBRO EN NÚMEROS

EL CEREBRO DE UN ADULTO
PESA APROXIMADAMENTE UN KILO Y MEDIO.

SI PUDIÉSEMOS EXTENDER LA CORTEZA CEREBRAL,
MEDIRÍA APROXIMADAMENTE 2 MIL CM^2
(aproximadamente 4 hojas carta).

SE CALCULA QUE EL CEREBRO CONTIENE
ENTRE 10 MIL Y 100 MIL MILLONES DE NEURONAS
(¡más que la cantidad de personas
que hay en todo el mundo!).

LA HISTORIA DE TU CEREBRO

¿SABÍAS QUE LOS RECUERDOS DE LOS NIÑOS
COMIENZAN A FORMARSE DESDE QUE
ESTÁN EN LAS BARRIGAS DE SUS MADRES?

HAY INVESTIGACIONES QUE DEMUESTRAN QUE LOS
NIÑOS PUEDEN RECORDAR SONIDOS ESCUCHADOS
PREVIAMENTE INCLUSO DESDE EL ÚTERO MATERNO.

LA HISTORIA DE TU CEREBRO

2

¿SABÍAS QUE EL CEREBRO TRIPLICA SU TAMAÑO
EN LOS PRIMEROS AÑOS DE VIDA?

DESTRUYENDO NEUROMITOS

SI BIEN ES COMÚN QUE SE CREA QUE NUESTRO CEREBRO ES UN ÓRGANO QUE NO CAMBIA Y QUE LAS NEURONAS QUE MUEREN SON IMPOSIBLES DE RECUPERAR, HOY EN DÍA SE HA COMPROBADO QUE NUEVAS NEURONAS CONTINÚAN NACIENDO, INCLUSO HASTA EDADES MUY AVANZADAS DE LA VIDA.

DESTRUYENDO NEUROMITOS

MUCHO SE HA DICHO ACERCA DE LAS DIFERENCIAS ENTRE EL CEREBRO DE LOS HOMBRES Y LAS MUJERES, PARTICULARMENTE ALGUNOS HAN PLANTEADO QUE EL DE ESTAS ÚLTIMAS ES MÁS CHICO. SI BIEN ES CIERTO QUE EL CEREBRO DE LAS MUJERES SUELE SER MÁS LIVIANO QUE EL DE LOS HOMBRES (APROXIMADAMENTE 200 GR MÁS LIVIANO), LO CIERTO ES QUE ESA DIFERENCIA DESAPARECE CUANDO SE TIENE EN CUENTA EL PESO CORPORAL TOTAL.

DESTRUYENDO NEUROMITOS

3

YA HEMOS DICHO QUE DURANTE AÑOS SE CREYÓ QUE EL CEREBRO ERA UN ÓRGANO ESTÁTICO, SIN MUCHAS POSIBILIDADES DE CAMBIO. ADEMÁS DE QUE NACEN NUEVAS NEURONAS A LO LARGO DE LA VIDA, HOY EN DÍA SABEMOS QUE ESTAS SON TAMBIÉN CAPACES DE GENERAR NUEVAS CONEXIONES Y TOMAR A SU CARGO NUEVAS FUNCIONES.

SE SUPONE QUE ESTOS FENÓMENOS ESTÁN EN LA BASE DE MUCHOS PROCESOS DE RECUPERACIÓN DESPUÉS DE UN DAÑO CEREBRAL.

DESTRUYENDO NEUROMITOS

NO ES CIERTO QUE EL HEMISFERIO IZQUIERDO SEA EL LÓGICO Y EL DERECHO EL CREATIVO Y ARTÍSTICO.

LA GEOGRAFÍA DE NUESTRO CEREBRO

NUESTRO CEREBRO TIENE DOS HEMISFERIOS CEREBRALES, CADA UNO DE LOS CUALES CONTIENE 4 GRANDES TERRITORIOS, QUE LLAMAMOS LÓBULOS.

CADA UNO DE ESTOS LÓBULOS TIENE SUS FRONTERAS INTERNAS Y EXTERNAS, QUE LLAMAMOS SURCOS Y CISURAS.

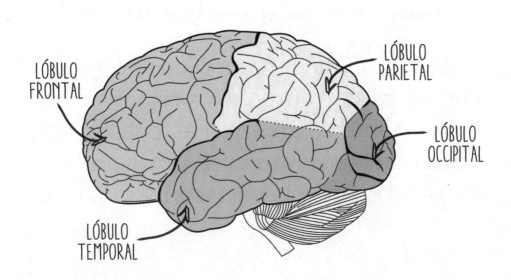

LÓBULO FRONTAL

LÓBULO PARIETAL

LÓBULO OCCIPITAL

LÓBULO TEMPORAL

Nuestro cerebro tiene dos HEMISFERIOS que están conectados por una AUTOPISTA enorme de AXONES que se llama CUERPO CALLOSO.

Roger Sperry ganó un premio Nobel por estudiar pacientes que tras la ruptura de esta autopista presentaban un

CEREBRO DIVIDIDO

en el cual la información que llega a un hemisferio no puede ser transmitida al otro.

¿Recuerdas que te dijimos que la mayoría de las personas hablan con el hemisferio izquierdo?

Bien. Sperry descubrió que con el cuerpo calloso ausente los pacientes no podían nombrar aquello que tocaban con una mano, mientras que lo hacían sin dificultad cuando lo palpaban con la otra.

¿Sabías que los DELFINES tienen un cerebro tan grande como el nuestro (e inclusive más complicado en algunos aspectos) aunque tienen un CUERPO CALLOSO mucho más pequeño?

Esto pareciera estar relacionado con el hecho de que en ellos la

RESPIRACIÓN ES VOLUNTARIA
(y no automática como en el ser humano).

SI SE DUERMEN, DEJARÍAN DE RESPIRAR.
Por ello, duermen de a un HEMISFERIO CEREBRAL a la vez.

Así, un hemisferio puede estar alerta mientras que el otro puede descansar.

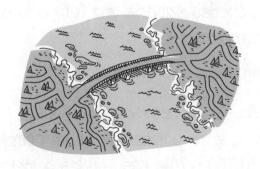

HASTA AHORA, ESTE LIBRO TE HA HABLADO A TI. AHORA HA LLEGADO TU MOMENTO DE HABLARLE AL LIBRO:

En el proceso científico, aquello que se escribe es revisado por expertos en el tema para lograr una mejor descripción de los resultados de aquello que se quiere dar a conocer.

✳ En este caso, te proponemos que tú seas el experto y que nos ayudes a mejorar este libro. Para eso te pedimos que rellenes y completes la página siguiente y que nos mandes tu opinión a la siguiente dirección:

 Descubriendo el cerebro. Facundo Manes y María Roca. Av. Independencia 1682, Ciudad Autónoma de Buenos Aires, 1100 - Argentina

✳ Si nunca has mandado una carta y no te atreves a hacerlo, puedes sacarle una foto a la página que sigue y mandárnosla a:

info@ar.planetadelibros.com

Como verás, no es necesario que pongas tu nombre. La idea es que te conviertas en un completo NEUROCIENTÍFICO y que nos ayudes a mejorar todo lo que te hemos propuesto.

EDAD: _____   SEXO: **F / M**

✳ ¿Cuál es el experimento que más te ha gustado?
(Si puedes, anota el número de página).

_____

✳ ¿Hay alguno de los experimentos que no ha funcionado para ti? ¿Cuál? (Nuevamente, anota el número de página).

_____

✳ ¿Hay algún experimento o dato que te haya costado entender? ¿Cuál? (Una vez más, anota el número de página).

_____

✳ ¿Hay algunas preguntas que te hayan quedado sin responder? ¿Hay algo más que quieras saber acerca del funcionamiento de tu mente?

_____

_____

✳ ¿Qué le cambiarías a este libro?

_____

_____

¡Muchas gracias!

Por interesarte en el conocimiento del cerebro y de la mente.

¡Es una buena forma de comenzar a cuidarlo y a protegerlo de los embates de la vida!